BAŞLANGIÇ PROTEİN ÇALKALAMA KILAVUZU

Protein alımınızı artırmak için tarifler

HANDAN AKSU

Tüm hakları Saklıdır.

sorumluluk reddi

Bu e-Kitapta yer alan bilgiler, bu e-Kitabın yazarının hakkında araştırma yaptığı kapsamlı bir stratejiler koleksiyonu olarak hizmet etmeyi amaçlamaktadır. Özetler, stratejiler, ipuçları ve püf noktaları yalnızca yazar tarafından tavsiye edilir ve bu e-Kitabı okumak kişinin sonuçlarının yazarın sonuçlarını tam olarak yansıtacağını garanti etmez. E-Kitabın yazarı, e-Kitabın okuyucularına güncel ve doğru bilgiler sağlamak için tüm makul çabayı göstermiştir. Yazar ve ortakları, bulunabilecek herhangi bir kasıtsız hata veya eksiklikten sorumlu tutulamaz. E-Kitaptaki materyal üçüncü şahıslardan gelen bilgileri içerebilir. Üçüncü taraf materyalleri, sahipleri tarafından ifade edilen görüşleri içerir. Bu nedenle, e-Kitabın yazarı herhangi bir üçüncü taraf materyali veya görüşü için sorumluluk veya yükümlülük üstlenmez.

E-Kitabın telif hakkı © 2025'ye aittir ve tüm hakları saklıdır. Bu e-Kitabın tamamını veya bir kısmını yeniden dağıtmak, kopyalamak veya türev çalışmalar oluşturmak yasa dışıdır. Bu raporun hiçbir bölümü, yazarın yazılı ve imzalı izni olmaksızın herhangi bir biçimde çoğaltılamaz veya yeniden iletilemez veya herhangi bir biçimde yeniden iletilemez.

İÇİNDEKİLER

GİRİİŞ

Protein içecekleri (veya protein smoothie'leri), kas iyileşmesine yardımcı olmak için tipik olarak bir antrenmandan önce veya sonra tüketilen protein içecekleridir. Protein karışımları genellikle dondurulmuş meyve/buz, protein tozu gibi bir protein kaynağı ve bir sıvı ile yapılır.

Protein içecekleri sizin için iyi mi? En sağlıklı protein karışımları, karıştırıcınızda yaptığınızlardır çünkü içlerinde ne olduğunu kontrol edebilirsiniz. Buradaki amaç, düşük şeker + yüksek protein ve katkı maddesi içermemesidir.

Protein sallamanın faydaları Protein sallamaları, kaslarınızın düzgün bir şekilde toparlanmasına yardımcı olmak için bir antrenmandan sonra içmek için mükemmel bir şeydir. Antrenman sonrasının yanı sıra, yeterli kalori ve hatta yüksek proteinli bir atıştırmalık varsa, protein sallamaları yemek yerine kullanılabilir.

Protein içeceği antrenmandan önce mi sonra mı? Protein içeceği içmek için tercih ettiğimiz zaman antrenman sonrasıdır, ancak antrenmandan önce veya sonra aynı faydaları sağlayacağı söylenmiştir!

1. Naneli Çikolatalı Shake

İçindekiler

- 2 kaşık çikolatalı protein tozu
- 12 oz. nane aromalı yeşil çay
- 1 TSBP ham kakao tozu
- 1 yemek kaşığı kakao nib (isteğe bağlı)
- 3 Buz Küpü

Talimatlar

Tüm malzemeleri bir karıştırıcıya 30-60 saniye atın.

2. Kaju Kurabiye Protein Sarsıntısı

İçindekiler

- 2 kaşık vanilyalı protein tozu
- 6 oz. badem sütü
- 1.5 yemek kaşığı kaju tereyağı
- 115 gram. su
- 1-5 damla vanilya özü
- 1-5 damla tereyağı aroma özü
- 2-3 Buz Küpü

Talimatlar

Tüm malzemeleri bir karıştırıcıya 30-60 saniye atın.

3. Yabanmersinli Muffin Shake

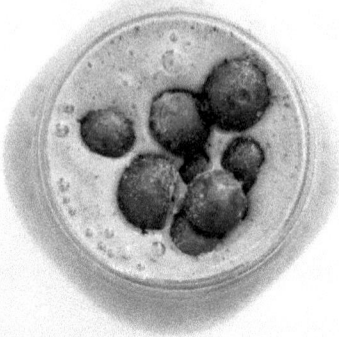

İçindekiler

- 2 kaşık vanilyalı protein tozu
- 6 oz. badem sütü
- 2/3 su bardağı yaban mersini
- 2 çay kaşığı kaju tereyağı
- 1-5 damla vanilya özü
- 115 gram. su (daha ince bir sallama için daha fazla, daha kalın bir sallama için daha az)
- 3 buz küpü

Talimatlar

Tüm malzemeleri bir karıştırıcıya 30-60 saniye atın.

4. Tatlı Patates Turtası Protein Sarsıntısı

İçindekiler

- 2 kaşık vanilyalı protein tozu
- 6 oz. badem sütü
- $\frac{1}{2}$ su bardağı tatlı patates (halihazırda pişmiş, kabuksuz)
- 1-5 damla vanilya özü
- 115 gram. su (daha ince bir sallama için daha fazla, daha kalın bir sallama için daha az)
- Kırık buz
- Balkabağı Turtası Baharatı tatmak için

Talimatlar

Tüm malzemeleri bir karıştırıcıya 30-60 saniye atın.

5. Çikolatalı Kahve Shake

İçindekiler

- 2 kaşık çikolatalı peynir altı suyu proteini
- 1 su bardağı yağsız süt
- 3 buz küpü
- 1 su bardağı su
- 1 kaşık hazır kahve

Talimatlar

Tüm malzemeleri bir karıştırıcıya 30-60 saniye atın.

6. reçel sallamak

İçindekiler

- 1 su bardağı vanilyalı yoğurt (az yağlı)
- 1 muz
- 2 yemek kaşığı çilek reçeli
- 1 yemek kaşığı bal
- 2 kaşık vanilyalı peynir altı suyu proteini

Talimatlar

Tüm malzemeleri bir karıştırıcıya 30-60 saniye atın.

7. Kolay Peasy Protein Shake

VERİM: 1

İçindekiler

- 1 su bardağı donmuş meyve veya buz (muz, çilek vb.)
- 2-4 porsiyon protein (protein tozu, fındık yağı, tohum vb.)
- 1/3 su bardağı – 1 su bardağı sıvı (badem sütü, su, portakal suyu vb.)
- isteğe bağlı: tatlandırıcı

Talimatlar

a) İlk olarak, yüksek hızlı blenderinizin altına meyve veya buz koyun.

b) Ardından, favori protein kaynaklarınızdan birkaçını ekleyin. Ne kadar protein tüketmek istediğinize bağlı olarak burada 2-4 farklı kaynaktan herhangi bir yerde kullanmanızı öneririz.

c) Başlamak için 1/3 fincan sıvı ve istenirse isteğe bağlı bir tatlandırıcı ekleyin.

d) Ardından, kapağı karıştırıcınızın üzerine koyun ve yaklaşık bir dakika veya pürüzsüz olana kadar yüksek hızda karıştırın. Protein karışımınız kolayca karışmıyorsa, biraz daha sıvı ekleyin ve karıştırmaya devam edin.

e) Hemen servis yapın.

8. Vanilyalı Protein Sarsıntısı

Porsiyon 1

İçindekiler

- 1 dondurulmuş muz, parçalar halinde
- 1 ölçek (25 gr) vanilyalı protein tozu
- 3/4 su bardağı badem sütü
- 1/4 çay kaşığı tarçın
- 1/4 çay kaşığı vanilya özü veya kazınmış vanilya fasulyesi
- 1/2 yemek kaşığı chia tohumu veya keten tohumu, isteğe bağlı
- bir avuç buz

Talimatlar

a) Herhangi bir sos hariç tüm malzemeleri bir karıştırıcıya ekleyin.

b) Muz, tarçın, vanilya protein tozu, chia tohumları, badem sütü ve vanilyayı bir karıştırıcıda.

c) Pürüzsüz olana kadar karıştır. Gerekirse buzu veya malzemeleri tadın ve ayarlayın. Topingler ekleyin (kullanıyorsanız) ve keyfini çıkarın!

9. Kahve Protein Sarsıntısı

İçindekiler

- 1/2 bardak soğuk demleme

- 1/2 su bardağı süt içermeyen süt, ekstra kremsi olması için yulaf veya hindistancevizi sütünü severim

- 1 dondurulmuş muz, parçalar halinde

- $\frac{1}{4}$ fincan donmuş karnabahar pirinci veya buz

- 1 ölçek (25 gr) vanilyalı protein tozu (veya çikolatalı protein tozu)

- 1/2 yemek kaşığı chia tohumu

- 1/4 çay kaşığı tarçın

- 1 yemek kaşığı badem ezmesi

Talimatlar

a) Herhangi bir sos hariç tüm malzemeleri bir karıştırıcıya ekleyin.

b) Muz, tarçın, vanilya protein tozu, chia tohumları, badem sütü ve vanilyayı blenderdan geçirin.

c) Pürüzsüz olana kadar karıştır. Gerekirse buzu veya malzemeleri tadın ve ayarlayın. Topingler ekleyin (kullanıyorsanız) ve keyfini çıkarın!

10. Antrenman Sonrası Muzlu Protein Sarsıntısı

İçindekiler

- 2 muz
- 1/2 su bardağı süzme peynir
- vanilya peynir altı suyu proteini
- bir fincan süt
- Biraz buz
- 1/2 çay kaşığı esmer şeker

Talimatlar

a) Pürüzsüz olana kadar karıştır.
b) Gerekirse buzu veya malzemeleri tadın ve ayarlayın.

11. Antrenman Sonrası Çilekli Protein Sarsıntısı

İçindekiler

- 8 oz. yağsız süt (%1 veya %2) -- veya İPEK Süt (çok düşük laktozlu soya)
- 1 muz
- 8 ila 10 donmuş çilek -- VEYA -- istediğiniz herhangi bir donmuş meyve
- 1 kepçe Optimum %100 Peynir altı suyu -- Vanilyalı Dondurma aroması
- 1 TBS Keten Yağı
- 1 çay kaşığı Glutamin
- 1 çay kaşığı Kreatin
- Splenda .... istediğiniz veya ihtiyacınız olduğu kadar

Talimatlar

a) Pürüzsüz olana kadar karıştır.
b) Gerekirse buzu veya malzemeleri tadın ve ayarlayın.

12. Kurtarma Narenciye Sarsıntısı

İçindekiler

- $\frac{1}{2}$ havuç, soyulmuş ve dilimlenmiş
- $\frac{1}{2}$ portakal, soyulmuş ve doğranmış
- $\frac{1}{4}$ kavun, soyulmuş ve doğranmış
- 1 ölçek peynir altı suyu protein tozu
- 125 ml kaju fıstığı sütü
- 50 ml su
- bir avuç buz

Talimatlar

Tüm malzemeleri bir karıştırıcıya 30-60 saniye atın.

13. Nightcap Shake

İçindekiler

- 2 kaşık çikolatalı peynir altı suyu
- 16 oz. Süt
- $\frac{1}{2}$ su bardağı yulaf ezmesi
- 1 yemek kaşığı badem ezmesi
- 3 küp buz

Talimatlar

Tüm malzemeleri bir karıştırıcıya 30-60 saniye atın.

14. Ezekiel Fındıklı Smoothie

İçindekiler

- 2 kaşık vanilyalı peynir altı suyu
- $\frac{1}{2}$ su bardağı Ezekiel mısır gevreği
- 1 ölçek kazein
- 1 yemek kaşığı fıstık ezmesi
- 16 oz. kaymağı alınmış süt
- 3 küp buz

Talimatlar

Tüm malzemeleri bir karıştırıcıya 30-60 saniye atın.

15. Tatlı Patates Sarsıntısı

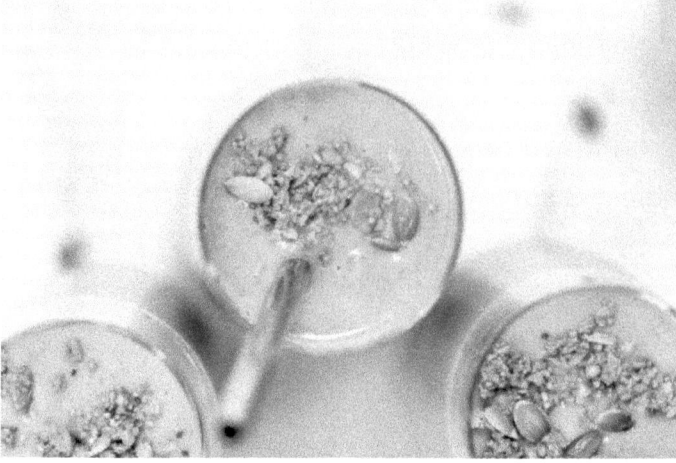

İçindekiler

- 1 tatlı patates, pişmiş ve soyulmuş
- $\frac{1}{2}$ çay kaşığı tarçın
- 1/2 su bardağı kıyılmış badem
- 2 kaşık peynir altı suyu proteini (herhangi bir aroma)
- 16 oz. tam yağlı süt

Talimatlar

Tüm malzemeleri bir karıştırıcıya 30-60 saniye atın.

16. gece yarısı macadamia

İçindekiler

- 2 kaşık vanilyalı peynir altı suyu
- 12 oz. badem sütü
- 1 ölçek kazein
- $\frac{1}{2}$ su bardağı macadamia fıstığı
- $\frac{1}{2}$ fincan Yunan yoğurdu

Talimatlar

Tüm malzemeleri bir karıştırıcıya 30-60 saniye atın.

17. Fıstık Ezmesi Ezmesi Shake

İçindekiler

- 2 kaşık peynir altı suyu proteini
- 1 ölçek kazein
- 12 oz. hindistan cevizi sütü veya badem sütü
- 1 yemek kaşığı çikolata şurubu
- 1 yemek kaşığı kıtır fıstık ezmesi

Talimatlar

Tüm malzemeleri bir karıştırıcıya 30-60 saniye atın.

18. Muzlu Protein Sarsıntısı

İçindekiler

- 1 dondurulmuş muz, parçalar halinde

- 1 ölçek (25 gr) vanilyalı protein tozu

- 3/4 su bardağı süt

- 1/4 su bardağı Yunan yoğurdu veya daha fazla süt

- 1/2 yemek kaşığı chia tohumu veya keten tohumu, isteğe bağlı

Talimatlar

a) Herhangi bir sos hariç tüm malzemeleri bir karıştırıcıya ekleyin.

b) Muz, tarçın, vanilya protein tozu, chia tohumları, badem sütü ve vanilyayı bir karıştırıcıda.

c) Pürüzsüz olana kadar karıştır. Gerekirse buzu veya malzemeleri tadın ve ayarlayın. Topingler ekleyin (kullanıyorsanız) ve keyfini çıkarın!

19. Şeftali Yulaf Ezmesi Shake

İçindekiler

- 1 ½ su bardağı su veya badem sütü
- 2 kaşık vanilyalı protein tozu
- ¼ su bardağı kuru yulaf
- 1 şeftali, çekirdeksiz, soyulmuş ve doğranmış
- bir avuç buz
- ½ dondurulmuş muz, soyulmuş ve doğranmış
- tatmak için stevia

Talimatlar

a) Pürüzsüz olana kadar karıştır.
b) Gerekirse buzu veya malzemeleri tadın ve ayarlayın.

20. Vanilyalı Chai Shake

İçindekiler

- 1 su bardağı badem sütü veya su
- 2 kaşık vanilyalı protein tozu
- $\frac{1}{4}$ fincan güçlü demlenmiş, soğutulmuş çay
- $\frac{1}{4}$ çay kaşığı vanilya özü
- bir tutam öğütülmüş tarçın, karanfil ve kakule
- bir avuç buz
- chia tohumu serpin

Talimatlar

a) Pürüzsüz olana kadar karıştır.
b) Gerekirse buzu veya malzemeleri tadın ve ayarlayın.

21. Elmalı Turta a la Mode Shake

İçindekiler

- 1 su bardağı su veya badem sütü
- 1 elma, soyulmuş, özlü ve ince doğranmış
- $\frac{1}{4}$ fincan vanilyalı Yunan yoğurdu
- 1 yemek kaşığı elma yağı
- $\frac{1}{2}$ çay kaşığı öğütülmüş elmalı turta baharatı
- 2 kaşık vanilyalı protein tozu
- tatmak için stevia

Talimatlar

a) Pürüzsüz olana kadar karıştır.
b) Gerekirse buzu veya malzemeleri tadın ve ayarlayın.

22. Tarçınlı Rulo Sarsıntısı

İçindekiler

- 1 $\frac{1}{2}$ su bardağı su veya badem sütü
- 2 kaşık vanilyalı protein tozu
- $\frac{1}{4}$ çay kaşığı öğütülmüş tarçın
- $\frac{1}{2}$ fincan vanilyalı Yunan yoğurdu
- $\frac{1}{4}$ su bardağı kuru yulaf
- $\frac{1}{2}$ muz, soyulmuş

Talimatlar

a) Pürüzsüz olana kadar karıştır.

b) Gerekirse buzu veya malzemeleri tadın ve ayarlayın.

23. Hawaii Gündoğumu Sarsıntısı

İçindekiler

- 1 su bardağı badem sütü veya su
- 2 kaşık vanilyalı protein tozu
- $\frac{1}{2}$ muz
- $\frac{1}{2}$ su bardağı ananas
- $\frac{1}{2}$ fincan sade Yunan yoğurdu
- tatmak için stevia
- bir avuç buz

Talimatlar

a) Pürüzsüz olana kadar karıştır.

b) Gerekirse buzu veya malzemeleri tadın ve ayarlayın.

24. snickerdoodles sallamak

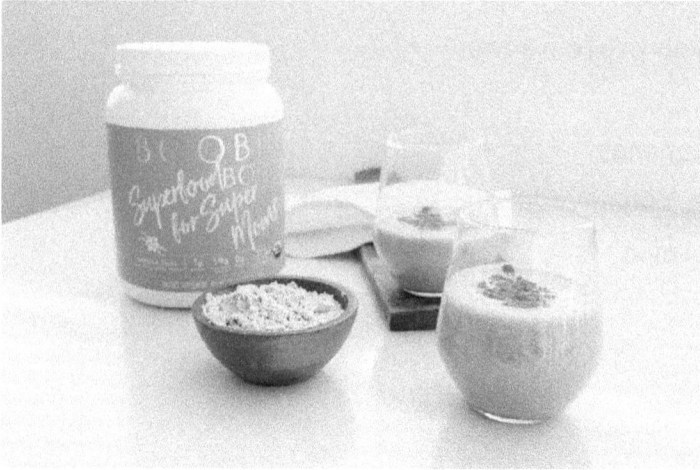

İçindekiler

- 1 su bardağı su veya badem sütü
- 2 kaşık vanilyalı protein tozu
- $\frac{1}{2}$ muz
- 1 yemek kaşığı kremalı badem ezmesi
- $\frac{1}{4}$ çay kaşığı öğütülmüş tarçın
- $\frac{1}{4}$ çay kaşığı vanilya özü

Talimatlar

a) Pürüzsüz olana kadar karıştır.
b) Gerekirse buzu veya malzemeleri tadın ve ayarlayın.

25. Çikolatalı Protein Sarsıntısı

İçindekiler

- 1 ölçek (25 gr) çikolatalı protein tozu

- 1/2 yemek kaşığı kakao tozu

- 1 dondurulmuş muz, parçalar halinde

- 3/4 su bardağı süt

- 1/2 yemek kaşığı chia tohumu veya keten tohumu, isteğe bağlı

- bir avuç buz

- üzeri için hindistan cevizi kreması (isteğe bağlı)

Talimatlar

a) Herhangi bir sos hariç tüm malzemeleri bir karıştırıcıya ekleyin.

b) Muz, tarçın, vanilya protein tozu, chia tohumları, badem sütü ve vanilyayı bir karıştırıcıda.

c) Pürüzsüz olana kadar karıştır. Gerekirse buzu veya malzemeleri tadın ve ayarlayın. Topingler ekleyin (kullanıyorsanız) ve keyfini çıkarın!

26. Vegan Berry Protein Sarsıntısı

İçindekiler

- 1 ölçek (25 gr) vanilya protein tozu
- 1 su bardağı dondurulmuş karışık çilek
- isteğe bağlı bir avuç ıspanak
- 1 su bardağı süt içermeyen süt
- 1 yemek kaşığı kaju veya badem ezmesi
- 1/2 T chia tohumu veya keten tohumu, isteğe bağlı
- gerekirse buz

Talimatlar

a) Herhangi bir sos hariç tüm malzemeleri bir karıştırıcıya ekleyin.
b) Muz, tarçın, vanilya protein tozu, chia tohumları, badem sütü ve vanilyayı blenderdan geçirin.
c) Pürüzsüz olana kadar karıştır. Gerekirse buzu veya malzemeleri tadın ve ayarlayın. Topingler ekleyin (kullanıyorsanız) ve keyfini çıkarın!
d) Bir karıştırıcıda karıştırılmış vanilya proteini sallayın.

27. Fıstık Ezmesi Protein Sarsıntısı

İçindekiler

- 1 ölçek (25 gr) vanilyalı protein tozu

- 2 yemek kaşığı fıstık ezmesi veya fıstık ezmesi tozu, + çiselemek için daha fazlası

- 1 dondurulmuş muz, parçalar halinde

- 3/4 su bardağı badem sütü,

- gerekirse bir avuç buz

Talimatlar

a) Herhangi bir sos hariç tüm malzemeleri bir karıştırıcıya ekleyin.

b) Muz, tarçın, vanilya protein tozu, chia tohumları, badem sütü ve vanilyayı blenderdan geçirin.

c) Pürüzsüz olana kadar karıştır. Gerekirse buzu veya malzemeleri tadın ve ayarlayın. Topingler ekleyin (kullanıyorsanız) ve keyfini çıkarın!

28. Muzlu Badem Proteinli Smoothie

İçindekiler:

- $\frac{1}{2}$ su bardağı hindistan cevizi suyu
- $\frac{1}{2}$ fincan sade Yunan yoğurdu
- 3 yemek kaşığı badem ezmesi
- 1 ölçek peynir altı suyu protein tozu
- 1 Yemek kaşığı soyulmuş kenevir tohumu
- 1 dondurulmuş muz
- 1 bardak buz

Talimatlar

a) Pürüzsüz olana kadar karıştır.

b) Gerekirse buzu veya malzemeleri tadın ve ayarlayın.

29. Protein Gücü Smoothie

İçindekiler:

- $\frac{1}{2}$ su bardağı yağsız süt
- $\frac{1}{2}$ olgun muz
- $\frac{1}{2}$ su bardağı dondurulmuş ahududu
- $\frac{1}{2}$ su bardağı dondurulmuş yaban mersini
- 1 ölçek vanilyalı peynir altı suyu protein tozu
- 5 buz küpü

Talimatlar

a) Pürüzsüz olana kadar karıştır.

b) Gerekirse buzu veya malzemeleri tadın ve ayarlayın.

30. Çok Berry Süper Shake

İçindekiler:

- 12 oz. su
- 1 kase ıspanak
- 2 su bardağı dondurulmuş karışık çilek
- 1/2 su bardağı sade az yağlı yoğurt
- 2 kaşık vanilyalı protein tozu
- 1 yemek kaşığı ceviz
- 1 yemek kaşığı öğütülmüş keten tohumu

Talimatlar

a) Pürüzsüz olana kadar karıştır.
b) Gerekirse buzu veya malzemeleri tadın ve ayarlayın.

31. Elma ve Büyük Tahıllar Shake

İçindekiler:

- 12 oz. su, süt veya yoğurt
- 2 kaşık vanilya aromalı protein
- 1 elma, çekirdeği çıkarılmış ve kamalara dilimlenmiş
- 1 su bardağı ıspanak
- 2 yemek kaşığı badem
- $\frac{1}{4}$ fincan pişmemiş yulaf
- Gerektiği kadar buz
- Tarçın, tatmak

Talimatlar

a) Pürüzsüz olana kadar karıştır.
b) Gerekirse buzu veya malzemeleri tadın ve ayarlayın.

32. Çikolata, Fıstık Ezmesi ve Muzlu Shake

İçindekiler:

- 12 oz. su, süt veya yoğurt
- 2 kaşık çikolata aromalı protein tozu
- 1 muz
- 1 su bardağı ıspanak
- 2 yemek kaşığı doğal fıstık ezmesi
- 1 yemek kaşığı kakao uçları veya koyu kakao tozu

Talimatlar

a) Pürüzsüz olana kadar karıştır.
b) Gerekirse buzu veya malzemeleri tadın ve ayarlayın.

33. Çilek Muzlu Shake

İçindekiler:

- 12 oz. su, süt veya yoğurt
- 2 kaşık vanilya veya çilek aromalı protein tozu
- 1 muz
- 1 su bardağı dondurulmuş çilek
- 1 su bardağı ıspanak
- 2 yemek kaşığı öğütülmüş keten

Talimatlar

a) Pürüzsüz olana kadar karıştır.
b) Gerekirse buzu veya malzemeleri tadın ve ayarlayın.

34. Çikolatalı Vişne Muhteşem Shake

İçindekiler:

- 12 oz. su, süt veya yoğurt
- 2 kaşık çikolata aromalı protein tozu
- 2 su bardağı tatlı koyu kiraz, çekirdekleri çıkarılmış
- 1 su bardağı ıspanak
- 1 yemek kaşığı ceviz
- 1 yemek kaşığı öğütülmüş keten
- 1 yemek kaşığı kakao uçları veya koyu kakao tozu

Talimatlar

a) Pürüzsüz olana kadar karıştır.

b) Gerekirse buzu veya malzemeleri tadın ve ayarlayın.

35. Vanilyalı Balkabağı Turtası Shake

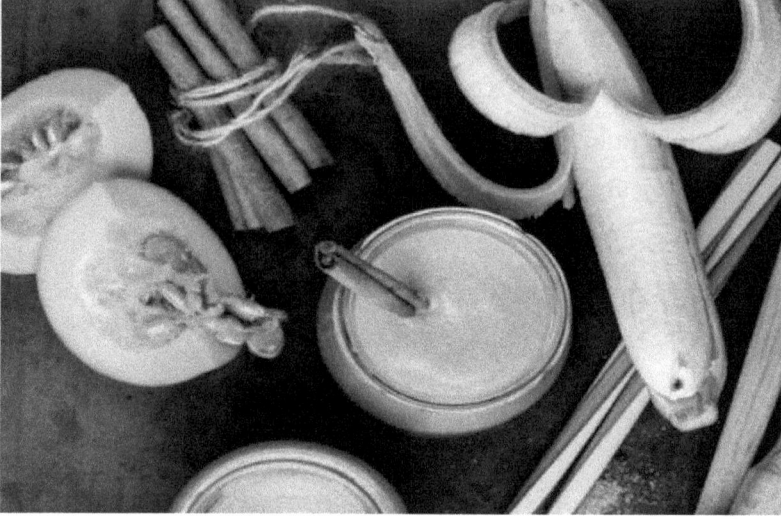

İçindekiler:

- 12 oz. su, süt veya yoğurt
- 2 kaşık vanilya aromalı protein tozu
- $\frac{3}{4}$ su bardağı püresi kabak
- 1 yemek kaşığı ceviz
- 1 yemek kaşığı öğütülmüş keten
- $\frac{1}{2}$ su bardağı pişmemiş yulaf
- Tarçın ve vanilya özü tadı
- Gerektiği kadar buz

Talimatlar

a) Pürüzsüz olana kadar karıştır.
b) Gerekirse buzu veya malzemeleri tadın ve ayarlayın.

36. Pişmiş Elma Sarsıntısı

İçindekiler:

- 12 oz. su, süt veya yoğurt
- 2 kaşık vanilya aromalı protein tozu
- 1 elma, çekirdeği çıkarılmış ve kamalara dilimlenmiş
- 1 su bardağı ıspanak
- 1 yemek kaşığı badem
- 1 yemek kaşığı öğütülmüş keten
- 1 yemek kaşığı susam
- tatmak için tarçın
- Gerektiği kadar buz

Talimatlar

a) Pürüzsüz olana kadar karıştır.

b) Gerekirse buzu veya malzemeleri tadın ve ayarlayın.

37. Tropikal Güç Sarsıntısı

İçindekiler:

- 12 oz. su, süt veya yoğurt
- 2 kaşık vanilya aromalı protein tozu
- $\frac{1}{2}$ muz
- 1 su bardağı ananas
- 1 su bardağı ıspanak
- 1 yemek kaşığı öğütülmüş keten
- 2 yemek kaşığı şekersiz hindistan cevizi gevreği
- $\frac{1}{2}$ su bardağı sade yoğurt veya vegan alternatifi

Talimatlar

a) Pürüzsüz olana kadar karıştır.
b) Gerekirse buzu veya malzemeleri tadın ve ayarlayın.

38. Süper Gıda Sarsıntısı

İçindekiler:

- 1/2 su bardağı dondurulmuş kiraz
- 8 oz. su
- 1/2 su bardağı doğranmış çiğ pancar
- 1/2 su bardağı dondurulmuş çilek
- 1/2 su bardağı dondurulmuş yaban mersini
- 1/2 muz
- 1 ölçek çikolatalı peynir altı suyu proteini
- 1 yemek kaşığı öğütülmüş keten tohumu

Talimatlar

a) Pürüzsüz olana kadar karıştır.

b) Gerekirse buzu veya malzemeleri tadın ve ayarlayın.

39. Dr. Mike'ın Güç Sarsıntısı

İçindekiler:

- $\frac{1}{4}$ fincan az yağlı süzme peynir
- 1 su bardağı yaban mersini (taze veya dondurulmuş)
- 1 ölçek vanilyalı protein tozu
- 2 yemek kaşığı keten tohumu yemeği
- 2 yemek kaşığı ceviz, kıyılmış
- $1\frac{1}{2}$ su bardağı su
- 3 buz küpü

Talimatlar

a) Pürüzsüz olana kadar karıştır.
b) Gerekirse buzu veya malzemeleri tadın ve ayarlayın.

40. Duble Çikolata Nane Shake

İçindekiler:

- 1 ölçek çikolatalı protein tozu
- 3/4 su bardağı çikolatalı badem sütü
- 1 yemek kaşığı ceviz
- 2 yemek kaşığı kakao tozu, şekersiz
- 1 yemek kaşığı kakao nibs
- 2 nane yaprağı
- 4 buz küpü
- $\frac{1}{4}$ su bardağı su

Talimatlar

a) Pürüzsüz olana kadar karıştır.
b) Gerekirse buzu veya malzemeleri tadın ve ayarlayın.

41. portakal kreması

İçindekiler:

- 1 ölçek vanilyalı protein tozu
- 1 portakal
- $\frac{1}{4}$ portakal kabuğu
- 1 yemek kaşığı ceviz
- 2 yemek kaşığı keten tohumu yemeği
- 1 su bardağı su
- $\frac{1}{2}$ su bardağı portakal suyu
- 3 buz küpü

Talimatlar

a) Pürüzsüz olana kadar karıştır.
b) Gerekirse buzu veya malzemeleri tadın ve ayarlayın.

42. Vanilyalı Kahve Sarsıntısı

İçindekiler

- $\frac{1}{2}$ fincan vanilyalı badem sütü
- $\frac{1}{2}$ fincan soğuk demlenmiş siyah kahve
- 2 kaşık vanilyalı protein tozu
- tatmak için sıvı stevia
- bir avuç buz

Talimatlar

a) Pürüzsüz olana kadar karıştır.
b) Gerekirse buzu veya malzemeleri tadın ve ayarlayın.

43. Yulaf ezmesi

İçindekiler

- $\frac{1}{4}$ su bardağı kuru yulaf
- 2 kaşık vanilyalı protein tozu
- $\frac{1}{2}$ çay kaşığı öğütülmüş tarçın
- 1 çay kaşığı saf akçaağaç şurubu
- 1 $\frac{1}{2}$ su bardağı su veya badem sütü
- bir avuç buz

Talimatlar

a) Pürüzsüz olana kadar karıştır.

b) Gerekirse buzu veya malzemeleri tadın ve ayarlayın.

44. Muzlu Fındık Sarsıntısı

İçindekiler

- $\frac{1}{2}$ muz
- 1 su bardağı badem sütü veya su
- 10 badem
- 1 ölçek vanilyalı protein tozu
- bir avuç buz

Talimatlar

a) Pürüzsüz olana kadar karıştır.
b) Gerekirse buzu veya malzemeleri tadın ve ayarlayın.

45. Cafe Mocha Shake

İçindekiler

- $\frac{1}{2}$ su bardağı badem sütü
- $\frac{1}{2}$ fincan soğuk demlenmiş siyah kahve
- 2 kaşık çikolatalı protein tozu
- 1 çay kaşığı şekersiz kakao tozu
- tatmak için sıvı stevia
- bir avuç buz

Talimatlar

a) Pürüzsüz olana kadar karıştır.

b) Gerekirse buzu veya malzemeleri tadın ve ayarlayın.

46. Güneşli Sabah Sarsıntısı

İçindekiler

- 1 çekirdeksiz, soyulmuş portakal
- 1 su bardağı badem sütü
- 2 kaşık aromasız protein tozu
- bir avuç buz

Talimatlar

a) Pürüzsüz olana kadar karıştır.

b) Gerekirse buzu veya malzemeleri tadın ve ayarlayın.

47. Portakallı Kremalı Shake

İçindekiler

- $\frac{1}{2}$ dondurulmuş muz
- $\frac{1}{2}$ fincan vanilyalı Yunan yoğurdu
- 1 su bardağı taze sıkılmış portakal suyu
- 2 kaşık vanilyalı protein tozu
- bir avuç buz

Talimatlar

a) Pürüzsüz olana kadar karıştır.
b) Gerekirse buzu veya malzemeleri tadın ve ayarlayın.

48. İnce Nane Shake

İçindekiler

- $\frac{1}{2}$ dondurulmuş muz
- 1 su bardağı badem sütü veya su
- 2 kaşık çikolatalı protein tozu
- 1 çay kaşığı şekersiz kakao tozu
- $\frac{1}{4}$ çay kaşığı nane özü
- 4 taze nane yaprağı (isteğe bağlı)

Talimatlar

a) Pürüzsüz olana kadar karıştır.

b) Gerekirse buzu veya malzemeleri tadın ve ayarlayın.

49. Parlak Berry Shake

İçindekiler

- 1 ½ su bardağı su veya badem sütü
- 2 kaşık vanilyalı protein tozu
- 8 ahududu
- 4 çilek
- 12 yaban mersini
- bir avuç buz

Talimatlar

a) Pürüzsüz olana kadar karıştır.

b) Gerekirse buzu veya malzemeleri tadın ve ayarlayın.

50. Çilekli Vanilyalı Shake

İçindekiler

- 1 ½ su bardağı su veya badem sütü
- 2 kaşık vanilyalı protein tozu
- 1 avuç buz küpü
- 1 çay kaşığı vanilya özü
- ½ dondurulmuş muz
- 3 dondurulmuş çilek

Talimatlar

a) Pürüzsüz olana kadar karıştır.
b) Gerekirse buzu veya malzemeleri tadın ve ayarlayın.

51. Ahududulu Cheesecake Shake

İçindekiler

- 1 ½ su bardağı su veya badem sütü
- 2 kaşık vanilyalı protein tozu
- 15 dondurulmuş ahududu
- 2 yemek kaşığı az yağlı ekşi krema
- tatmak için sıvı stevia

Talimatlar

a) Pürüzsüz olana kadar karıştır.
b) Gerekirse buzu veya malzemeleri tadın ve ayarlayın.

52. Fıstık Ezmesi Kupası Shake

İçindekiler

- 1 su bardağı su veya badem sütü
- 2 kaşık çikolatalı protein tozu
- 1 çay kaşığı şekersiz kakao tozu
- 1 yemek kaşığı kremalı fıstık ezmesi
- bir avuç buz

Talimatlar

a) Pürüzsüz olana kadar karıştır.

b) Gerekirse buzu veya malzemeleri tadın ve ayarlayın.

53. Kremalı Çikolatalı Shake

İçindekiler

- 1 su bardağı su veya badem sütü
- 2 kaşık çikolatalı protein tozu
- 1 çay kaşığı şekersiz kakao tozu
- 2 yemek kaşığı az yağlı ekşi krema
- tatmak için sıvı stevia

Talimatlar

a) Pürüzsüz olana kadar karıştır.
b) Gerekirse buzu veya malzemeleri tadın ve ayarlayın.

54. Papaya Zencefilli Nane Shake

İçindekiler

- $\frac{1}{2}$ fincan taze doğranmış papaya
- $\frac{1}{2}$ çay kaşığı taze kıyılmış zencefil
- 4 taze nane yaprağı
- 1 su bardağı su veya badem sütü
- 2 kaşık vanilyalı protein tozu
- bir avuç buz
- tatmak için bal çiseleyen

Talimatlar

a) Pürüzsüz olana kadar karıştır.

b) Gerekirse buzu veya malzemeleri tadın ve ayarlayın.

55. yaban mersini mango sallamak

İçindekiler

- $\frac{1}{2}$ su bardağı taze veya dondurulmuş doğranmış mango
- $\frac{1}{4}$ fincan taze veya dondurulmuş yaban mersini
- $\frac{1}{4}$ fincan sade Yunan yoğurdu
- 1 su bardağı su veya badem sütü
- 2 kaşık vanilyalı protein tozu

Talimatlar

a) Pürüzsüz olana kadar karıştır.

b) Gerekirse buzu veya malzemeleri tadın ve ayarlayın.

56. Ispanak, Kivi ve Chia Tohumu Sarsıntısı

İçindekiler

- 1 ½ su bardağı su veya badem sütü
- 1 kase paketlenmiş ıspanak
- 1 olgun kivi, soyulmuş ve parçalar halinde kesilmiş
- 2 kaşık vanilyalı protein tozu
- 1 yemek kaşığı chia tohumu
- bir avuç buz

Talimatlar

a) Pürüzsüz olana kadar karıştır.

b) Gerekirse buzu veya malzemeleri tadın ve ayarlayın.

57. Yulaf Ezmeli Kurabiye Shake

İçindekiler

- $\frac{1}{4}$ su bardağı kuru yulaf
- $1\frac{1}{2}$ su bardağı su veya badem sütü
- 2 kaşık vanilyalı protein tozu
- $\frac{1}{2}$ dondurulmuş muz, soyulmuş ve doğranmış
- 1 çay kaşığı bal
- $\frac{1}{2}$ çay kaşığı öğütülmüş tarçın
- $\frac{1}{2}$ çay kaşığı vanilya özü
- bir tutam öğütülmüş zencefil, hindistan cevizi ve tuz

Talimatlar

a) Pürüzsüz olana kadar karıştır.
b) Gerekirse buzu veya malzemeleri tadın ve ayarlayın.

58. Fıstık Ezmesi ve Jöle Shake

İçindekiler

- ½ dondurulmuş muz
- 1 su bardağı badem sütü veya su
- 2 yemek kaşığı kremalı fıstık ezmesi
- ½ su bardağı dondurulmuş çilek
- 2 kaşık vanilyalı protein tozu
- bir avuç buz

Talimatlar

a) Pürüzsüz olana kadar karıştır.
b) Gerekirse buzu veya malzemeleri tadın ve ayarlayın.

59. Vanilyalı Matcha Avokado Shake

İçindekiler

- 1 $\frac{1}{2}$ su bardağı badem sütü veya su
- 2 kaşık vanilyalı protein tozu
- $\frac{1}{4}$ çay kaşığı vanilya özü
- $\frac{1}{2}$ avokado, çekirdekleri çıkarılmış ve soyulmuş
- 2 çay kaşığı matcha tozu
- 1 avuç ıspanak

Talimatlar

a) Pürüzsüz olana kadar karıştır.

b) Gerekirse buzu veya malzemeleri tadın ve ayarlayın.

60. Vişneli Badem Sarsıntısı

İçindekiler

- 1 su bardağı su veya badem sütü
- 2 kaşık vanilyalı protein tozu
- $\frac{1}{2}$ su bardağı dondurulmuş, çekirdeksiz kiraz
- 2 yemek kaşığı badem yağı
- bir avuç buz

Talimatlar

a) Pürüzsüz olana kadar karıştır.
b) Gerekirse buzu veya malzemeleri tadın ve ayarlayın.

61. Bal Muzlu Shake

İçindekiler

- 1 ½ su bardağı su veya badem sütü
- 1 dondurulmuş muz
- ¼ fincan sade Yunan yoğurdu
- 2 kaşık vanilyalı protein tozu
- 1 çay kaşığı bal
- öğütülmüş hindistan cevizi serpin

Talimatlar

a) Pürüzsüz olana kadar karıştır.

b) Gerekirse buzu veya malzemeleri tadın ve ayarlayın.

62. Havuçlu Kek Sarsıntısı

İçindekiler

- 1 ½ su bardağı su veya badem sütü
- 2 kaşık vanilyalı protein tozu
- ¼ su bardağı rendelenmiş havuç
- ¼ su bardağı kıyılmış ceviz
- ¼ fincan sade Yunan yoğurdu
- ¼ çay kaşığı öğütülmüş tarçın
- bir tutam öğütülmüş hindistan cevizi ve öğütülmüş zencefil

Talimatlar

a) Pürüzsüz olana kadar karıştır.
b) Gerekirse buzu veya malzemeleri tadın ve ayarlayın.

63. Limonlu Turta Shake

İçindekiler

- $\frac{1}{2}$ fincan vanilyalı Yunan yoğurdu
- 1 su bardağı badem sütü veya su
- 2 kaşık vanilyalı protein tozu
- 1 yemek kaşığı limon suyu
- tatmak için stevia
- bir avuç buz

Talimatlar

a) Pürüzsüz olana kadar karıştır.
b) Gerekirse buzu veya malzemeleri tadın ve ayarlayın.

64. Çikolata Parçalı Kurabiye Shake

İçindekiler

- 1 ½ su bardağı badem sütü veya su
- 2 kaşık vanilyalı protein tozu
- ¼ su bardağı kuru yulaf
- ¼ çay kaşığı taklit tereyağı aroması
- ¼ çay kaşığı vanilya özü
- bir tutam tuz
- bir avuç buz
- 1 yemek kaşığı mini çikolata parçaları
- tatmak için stevia

Talimatlar

a) Pürüzsüz olana kadar karıştır.

b) Gerekirse buzu veya malzemeleri tadın ve ayarlayın.

65. Çikolatalı Browni Shake

İçindekiler

- 1 dondurulmuş muz, soyulmuş ve doğranmış
- $\frac{1}{4}$ fincan demlenmiş kahve, soğutulmuş
- $\frac{3}{4}$ su bardağı badem sütü
- 2 kaşık çikolatalı protein tozu
- 2 yemek kaşığı şekersiz kakao tozu
- $\frac{1}{4}$ çay kaşığı vanilya özü
- bir tutam tuz
- 1 yemek kaşığı mini çikolata parçaları

Talimatlar

a) Pürüzsüz olana kadar karıştır.
b) Gerekirse buzu veya malzemeleri tadın ve ayarlayın.

66. Pina Colada Sarsıntısı

İçindekiler

- 1 dondurulmuş muz, soyulmuş ve doğranmış
- $\frac{1}{2}$ su bardağı taze ananas, doğranmış
- 1 su bardağı hindistan cevizi sütü
- 2 kaşık vanilyalı protein tozu
- 1 yemek kaşığı rendelenmiş, şekersiz hindistan cevizi

Talimatlar

a) Pürüzsüz olana kadar karıştır.
b) Gerekirse buzu veya malzemeleri tadın ve ayarlayın.

67. çikolata eşek yetiştiricisi

İçindekiler

- Süt
- Şeker
- 1 ölçek Whey Proteini
- 1 dilimlenmiş muz
- 1 büyük kaşık Fıstık Ezmesi
- 2 1/2 büyük kaşık Çikolatalı Dondurma
- 3 Çikolata Parçalı Kurabiye
- çikolatalı nesquik

Talimatlar

a) Pürüzsüz olana kadar karıştır.
b) Gerekirse buzu veya malzemeleri tadın ve ayarlayın.

68. muz eşek yetiştiricisi

İçindekiler

- Süt
- Şeker
- 1 ölçek Whey Proteini
- 1 dilimlenmiş muz
- 1 1/2 kaşık fıstık ezmesi
- Muz Nesquik

Talimatlar

a) Pürüzsüz olana kadar karıştır.
b) Gerekirse buzu veya malzemeleri tadın ve ayarlayın.

69. çilek eşek yetiştiricisi

İçindekiler

- Süt
- Şeker
- 1 ölçek peynir altı suyu proteini
- 1 adet çilek meyve köşesi
- 1 büyük kaşık çilek reçeli
- çilekli nesquik

Talimatlar

a) Pürüzsüz olana kadar karıştır.
b) Gerekirse buzu veya malzemeleri tadın ve ayarlayın.

70. İnanılmaz Toplu Vegan Shake

İçindekiler

- 200 ml hindistan cevizi sütü

- 1 ölçek SF Nutrition Vegan Madagascan Vanilya Proteini

- bir avuç ıspanak

- 50 gr ananas

- $\frac{1}{2}$ bir muz

- $\frac{1}{2}$ bir kireç

Talimatlar

a) Pürüzsüz olana kadar karıştır.
b) Gerekirse buzu veya malzemeleri tadın ve ayarlayın.

71. Protein Frappuccino

İçindekiler

- 16 oz buzlu kahve
- 1 paket protein peynir altı suyu
- 1 yemek kaşığı ağır krem şanti
- 1 yemek kaşığı keten tohumu yağı

Talimatlar

a) Pürüzsüz olana kadar karıştır.

b) Gerekirse buzu veya malzemeleri tadın ve ayarlayın.

72. Zeytinyağı Protein Sarsıntısı

İçindekiler

- 1 8 OZ Bardak Su
- 1 Olgun Muz
- 2 Kepçe Soya Protein Tozu
- 2 TBSB Zeytinyağı
- 1 veya 2 TBSB Fıstık Ezmesi

Talimatlar

a) Pürüzsüz olana kadar karıştır.

b) Gerekirse buzu veya malzemeleri tadın ve ayarlayın.

73. Proteinli Smoothie

İçindekiler

- 1/2 Bardak dondurulmuş çilek (şeker eklenmemiş)
- 1/2 Bardak FF süt
- 1 Bütün muz
- 1 kepçe Aromasız Peynir Altı Suyu Protein Tozu
- 1 Bardak buz

Talimatlar

a) Pürüzsüz olana kadar karıştır.

b) Gerekirse buzu veya malzemeleri tadın ve ayarlayın.

74. Kas Geliştirme Sarsıntısı

İçindekiler

- 1 bardak buz küpleri
- 3/4 su bardağı yumurta akı
- 3/4 su bardağı vanilyalı soya sütü
- 1 su bardağı dondurulmuş çilek
- 1/2 muz
- 1/2 bardak kızılcık suyu

Talimatlar

a) Pürüzsüz olana kadar karıştır.

b) Gerekirse buzu veya malzemeleri tadın ve ayarlayın.

75. Fıstık Ezmesi Fincan Protein Sarsıntısı

İçindekiler

- 1 su bardağı su
- 2 kaşık %100 çikolatalı peynir altı suyu tozu
- 3-4 yemek kaşığı doğal tıknaz Fıstık Ezmesi
- 1 yemek kaşığı keten tohumu yağı
- 1 bardak buz küpü

Talimatlar

a) Pürüzsüz olana kadar karıştır.

b) Gerekirse buzu veya malzemeleri tadın ve ayarlayın.

76. Fıstık Ezmesi Gevrek Shake

İçindekiler

- 2 kaşık vanilya proteini
- 1 yemek kaşığı şekersiz hazır karamelalı puding karışımı, kuru
- 1 yemek kaşığı doğal fıstık ezmesi, tıknaz
- 8 oz. soğuk su veya az yağlı süt
- 3-6 buz küpü

Talimatlar

Tüm malzemeleri bir karıştırıcıya 30-60 saniye atın.

77. Peynirli Vanilyalı Shake

İçindekiler

- 16 oz. kaymağı alınmış süt
- 2 su bardağı yağsız süzme peynir
- 3 kaşık protein tozu
- 1/2 su bardağı yağsız, vanilyalı yoğurt
- 1 kepçe en sevdiğiniz meyve
- tadına doyulmaz
- 2-3 küp buz

Talimatlar

Tüm malzemeleri bir karıştırıcıya 30-60 saniye atın.

78. Fıstık ezmesi Orange Shake

İçindekiler

- 12 ons taze portakal suyu
- 2 kaşık vanilyalı peynir altı suyu proteini
- 1 muz
- 2 yemek kaşığı doğal fıstık ezmesi
- 4 buz küpü

Talimatlar

Tüm malzemeleri bir karıştırıcıya 30-60 saniye atın.

79. yaban mersini patlaması

İçindekiler

- 1 su bardağı vanilyalı badem sütü
- 1 donmuş muz (dondurmadan önce kabuğunu soyun)
- 1/2 su bardağı yaban mersini
- 1 kepçe aromasız veya vanilyalı protein tozu

Talimatlar

Tüm malzemeleri bir karıştırıcıya 30-60 saniye atın.

80. Çikolata Parçalı Dondurma Shake

İçindekiler

- 1 su bardağı çikolatalı badem sütü
- 1 yemek kaşığı fıstık ezmesi
- 1 donmuş muz (dondurmadan önce kabuğunu soyun)
- 1 yemek kaşığı kakao nibs
- 1 ölçek çikolatalı protein tozu
- $\frac{1}{2}$ su bardağı damla çikolata

Talimatlar

Tüm malzemeleri bir karıştırıcıya 30-60 saniye atın.

81. Çikolata Fıstık Ezmesi Milkshake

İçindekiler

- 2 yemek kaşığı organik fıstık ezmesi
- 2 kaşık çikolatalı protein tozu
- 12 ons hindistan cevizi sütü
- 2 yemek kaşığı kakao tozu
- 2 yemek kaşığı Splenda
- 2-3 küp buz

Talimatlar

Tüm malzemeleri bir karıştırıcıya 30-60 saniye atın.

82. Reese Parçaları Shake

İçindekiler

- 1 su bardağı yağsız süt
- 1 su bardağı yumurta çırpıcı
- 1 tepeleme yemek kaşığı peter tava bal kavrulmuş fıstık ezmesi
- 2.5 kaşık çifte zengin çikolatalı peynir altı suyu proteini
- Yeterli miktarda fındık aroması

Talimatlar

Tüm malzemeleri bir karıştırıcıya 30-60 saniye atın.

83. Kız İzci

İçindekiler

- 12 oz. kaymağı alınmış süt
- 4-8 İnce Nane Kız İzci Kurabiyesi
- 2-3 küp buz
- 2 kaşık çikolatalı peynir altı suyu proteini

Talimatlar

Tüm malzemeleri bir karıştırıcıya 30-60 saniye atın.

84. Heyecan verici Vanilyalı Protein Sarsıntısı

İçindekiler

- 2 kaşık vanilyalı peynir altı suyu
- 16 oz. hafif soya sütü
- 1 yemek kaşığı keten tohumu, soya ve badem karışımı
- 1 çay kaşığı şurup
- Birkaç damla vanilya özü
- 3-4 küp buz
- 1 yemek kaşığı az yağlı doğal yoğurt

Talimatlar

Tüm malzemeleri bir karıştırıcıya 30-60 saniye atın.

85. Badem Patlaması

İçindekiler

- 2 kaşık vanilyalı peynir altı suyu
- 10-12 oz. yağsız süt
- 1/2 su bardağı kuru yulaf ezmesi
- 1/2 su bardağı kuru üzüm
- 12 adet kıyılmış badem
- 1 yemek kaşığı badem ezmesi

Talimatlar

Tüm malzemeleri bir karıştırıcıya 30-60 saniye atın.

86. Nane Yulaf Ezmesi

İçindekiler

- 2 kaşık çikolata proteini
- 1 su bardağı şekersiz vanilyalı dondurma
- 1 su bardağı yulaf ezmesi
- 2 su bardağı yağsız süt veya yağsız
- 1/2 su bardağı su
- Bir damla nane özü

Talimatlar

Tüm malzemeleri bir karıştırıcıya 30-60 saniye atın.

87. İnanılmaz Hulk

İçindekiler

- 2 kaşık vanilya proteini
- 1/2 yemek kaşığı şekersiz fıstıklı puding karışımı
- Birkaç damla nane özü
- 1 birkaç damla yeşil gıda boyası (isteğe bağlı)
- 8 oz. soğuk su veya az yağlı süt
- 3-5 buz küpü

Talimatlar

Tüm malzemeleri bir karıştırıcıya 30-60 saniye atın.

88. Çikolatalı Fıstık Ezmesi Karışımı

İçindekiler

- 2 su bardağı %2 süt
- 1/4 fincan fıstık ezmesi
- 3 buz küpü
- 1/2 muz
- 1 ölçek çikolatalı protein tozu
- 1 çay kaşığı çikolatalı Hershey şurubu

Talimatlar

Tüm malzemeleri bir karıştırıcıya 30-60 saniye atın.

89. Mango Hindistan Cevizi Sarsıntısı

İçindekiler

- 1 Kepçe Vanilya Peynir Altı Suyu Proteini
- 3-4 Dondurulmuş Mango Parçası
- 6 oz Hindistan Cevizi Sütü
- su

Talimatlar

Tüm malzemeleri bir karıştırıcıya 30-60 saniye atın.

90. Çilek Muzlu Shake

İçindekiler

- 1 ölçek çilekli peynir altı suyu proteini
- Bir avuç karalahana
- 5 dondurulmuş çilek
- 1 muz
- su

Talimatlar

Tüm malzemeleri bir karıştırıcıya 30-60 saniye atın.

91. ananas sallamak

İçindekiler

- 1 Kepçe Vanilyalı Peynir Altı Suyu Proteini
- 10 adet dondurulmuş ananas
- 16 oz. Hindistan cevizi sütü

Talimatlar

Tüm malzemeleri bir karıştırıcıya 30-60 saniye atın.

92. Karpuz Mango Karışımı

İçindekiler

- 1 Kepçe Vanilya Peynir Altı Suyu Proteini
- Karpuz
- Dondurulmuş Mango
- 12 oz. Badem sütü

Talimatlar

Tüm malzemeleri bir karıştırıcıya 30-60 saniye atın.

93. Buckeye Shake

İçindekiler

- 2 kaşık çikolatalı protein tozu
- 6 oz. badem sütü
- 1.5 yemek kaşığı fıstık ezmesi
- 1 yemek kaşığı ham kakao tozu
- 115 gram. su (daha ince bir sallama için daha fazla, daha kalın bir sallama için daha az)
- 3 Buz Küpü

Talimatlar

Tüm malzemeleri bir karıştırıcıya 30-60 saniye atın.

94. Elmalı Çıtır Sarsıntı

İçindekiler

- 2 kaşık vanilyalı protein tozu
- 6 oz. badem sütü
- $\frac{1}{2}$ su bardağı elma püresi
- Kırık buz
- su

Talimatlar

Tüm malzemeleri bir karıştırıcıya 30-60 saniye atın.

95. Pina Colada Sarsıntısı

İçindekiler

- 1,5 kaşık vanilya protein tozu
- 1 çay kaşığı hindistan cevizi özü aroması
- 1/3 su bardağı ezilmiş ananas veya 2 ananas halkası
- 1/4 su bardağı şekersiz hindistan cevizi sütü
- Buz küpleri ve su

Talimatlar

Tüm malzemeleri bir karıştırıcıya 30-60 saniye atın.

96. Muzlu Ekmek Sarsıntısı

İçindekiler

- 2 ölçek Vanilya Peynir altı suyu proteini
- 1 Muz
- 1/2 Bardak Quaker Yulaf Ezmesi
- 1/2 Bardak Kepek Gevreği
- 350 ml Su
- 30 gr dekstroz

Talimatlar

Tüm malzemeleri bir karıştırıcıya 30-60 saniye atın.

97. Çilek ve Kremalı Shake

İçindekiler

- 1-2 kaşık vanilyalı peynir altı suyu proteini
- 2-3 buz küpü
- 1 küçük kutu ananas suyu
- 1 avuç karışık çilek

Talimatlar

Tüm malzemeleri bir karıştırıcıya 30-60 saniye atın.

98. Berry Patlama Sarsıntısı

İçindekiler

- 2 ölçek Vanilya Peynir altı suyu proteini
- 1.5 Fincan Dondurulmuş Çilek Karışımı
- 4 Yemek Kaşığı Yağsız Yoğurt
- 200ml Su
- 25 gr dekstroz

Talimatlar

Tüm malzemeleri bir karıştırıcıya 30-60 saniye atın.

99. Çilekli Cheesecake Shake

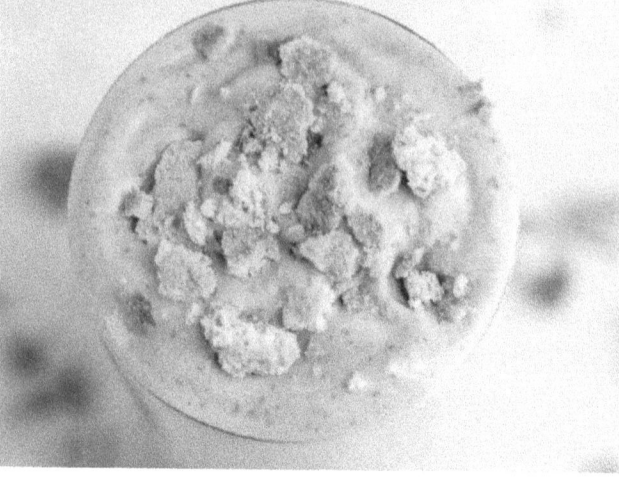

İçindekiler

- 10 oz. su
- 8 dondurulmuş çilek
- 4 yemek kaşığı az yağlı ekşi krema
- 2 kaşık çilekli peynir altı suyu
- 1 çay kaşığı bal

Talimatlar

Tüm malzemeleri bir karıştırıcıya 30-60 saniye atın.

100. Şeftali ve Kremalı Shake

İçindekiler

- 8-10 oz. saf su
- 1 olgun şeftali
- 2 yemek kaşığı az yağlı ekşi krema
- 1 çay kaşığı bal
- 2 kaşık vanilyalı peynir altı suyu

Talimatlar

Tüm malzemeleri bir karıştırıcıya 30-60 saniye atın.

ÇÖZÜM

Protein insan vücudunun en önemli besin maddesidir. Sadece insan vücudunun ana bileşeni değildir, aynı zamanda şekere ve yağa dönüştürülebilir ve belirli koşullar altında enerji sağlayabilir. Tartışmalı "yağ" ve "karbonhidrat" ile karşılaştırıldığında, protein gerçekten de zamanın çok fazla temettü topladı ve yüksek konsantrasyonda protein içeren protein tozu, şüphesiz proteini sindirmek için bir kısayol. Pek çok insan, pudranın mükemmel vücut şeklinin son adımı olduğuna inanır.

İnsanlar, kas geliştirme, kilo verme ve yaralanmalardan kurtulma gibi çeşitli nedenlerle protein sallar içiyorlar. Yumurta, et, kümes hayvanları, süt ve baklagiller gibi birçok gıda bol miktarda sağlıklı protein sağlarken, protein karışımları ve tozları günlük protein alımı için popüler, yüksek kaliteli bir takviye haline gelmiştir.